16	3	2	13
5	10	11	8
9	6	7	12
4	15	14	1

Paul Celan

AR-REVERSO
Atemwende

Tradução e apresentação
Guilherme Gontijo Flores

Edição bilíngue

editora 34

EDITORA 34

Editora 34 Ltda.
Rua Hungria, 592 Jardim Europa CEP 01455-000
São Paulo - SP Brasil Tel/Fax (11) 3811-6777 www.editora34.com.br

Copyright © Editora 34 Ltda. (edição brasileira), 2021
Atemwende © Suhrkamp Verlag, Frankfurt am Main, 1967.
All rights reserved by and controlled through Suhrkamp Verlag Berlin.

A FOTOCÓPIA DE QUALQUER FOLHA DESTE LIVRO É ILEGAL E CONFIGURA UMA
APROPRIAÇÃO INDEVIDA DOS DIREITOS INTELECTUAIS E PATRIMONIAIS DO AUTOR.

Imagem da capa:
Paul Celan em Paris, c. 1955 © Suhrkamp Verlag

Capa, projeto gráfico e editoração eletrônica:
Franciosi & Malta Produção Gráfica

Revisão:
Cide Piquet
Adalberto Müller

1ª Edição - 2021

CIP - Brasil. Catalogação-na-Fonte
(Sindicato Nacional dos Editores de Livros, RJ, Brasil)

Celan, Paul, 1920-1970
C339a   Ar-reverso / Paul Celan; tradução
e apresentação de Guilherme Gontijo Flores;
edição bilíngue — São Paulo: Editora 34, 2021
(1ª Edição).
208 p.

Texto bilíngue, português e alemão

Tradução de: Atemwende

ISBN 978-65-5525-076-3

1. Poesia alemã. 2. Gontijo Flores,
Guilherme. I. Título.

CDD - 831

AR-REVERSO
Atemwende

Apresentação, *Guilherme Gontijo Flores* 9

I

Tu podes [Du darfst] 25
Pelo insonhado [Von Ungeträumtem] 27
Nas serrilhas [In die Rillen] 29
Nos rios [In den Flüssen] 31
Ante teu rosto tardio [Vor dein spätes Gesicht] 33
Nas corredeiras do pesar
  [Die Schwermutsschnellen hindurch] 35
Os números [Die Zahlen] 37
Caminhos no cavo-de-sombras
  [Wege im Schatten-Gebräch] 39
Alvigris [Weissgrau] 41
Com mastros decantados rumo à terra
  [Mit erdwärts gesungenen Masten] 43
Pinça de têmporas [Schläfezange] 45
Junto ao granizo [Beim Hagelkorn] 47
De pé [Stehen] 49
Besta pela vigília [Dein von Wachen] 51
Com os perseguidos [Mit den Verfolgten] 53
Fiossóis [Fadensonnen] 55
No serpentrem [Im Schlangenwagen] 57
Espelhos de falha [Harnischstriemen] 59
Acreção verbal [Wortaufschüttung] 61
Eu te conheço [Ich kenne dich] 63
Decapado [Weggebeizt] 65

II

Do grande [Vom grossen] 69
Resto cantável [Singbarer Rest] 71

Inundante [Flutender]	73
Vinte pra sempre [Zwanzig für immer]	75
Chega de arte-areia [Keine Sandkunst mehr]	77
Fome de claridade [Helligkeitshunger]	79
Quando nos atacou o branco [Als uns das Weisse anfiel]	81
Oca fazenda de vida [Hohles Lebensgehöft]	83
Sobre três [Über drei]	85
Nos filactérios brancos [Am weissen Gebetriemen]	87
Cega-te [Erblinde]	89
Dia de alburno [Engholztag]	91
Hoje [Heute]	93
Meio-dia [Mittags]	95
Sob a pele [Unter die Haut]	97
A ampulheta [Das Stundenglas]	99
Porto [Hafen]	101

III

Negros [Schwarz]	109
Testamartelante [Hammerköpfiges]	111
Paisagem [Landschaft]	113
O tambor do jogral [Die Gauklertrommel]	115
Quando na cama [Wenn du im Bett]	117
Atrás do carbonotado [Hinterm Kohlegezinkten]	119
Em Praga [In Prag]	121
Desde o órquis [Von der Orchis her]	123
Semicorroído [Halbzerfressener]	125
Dos punhos [Aus Fäusten]	127
Rombos [Schwirrhölzer]	129
À noitinha [Abends]	131
Junto a apinhados, pisados [Bei den zusammengetretenen]	133
A terra vertical [Das aufwärtsstehende Land]	135
A circumpilada [Das umhergestossene]	137
Cinereauréola [Aschenglorie]	139

IV

O escrito [Das Geschriebene]	143
Entrada de cello [Cello-Einsatz]	145
Frihed [Frihed]	147
O provérbio silicificado 　[Den verkieselten Spruch]	151
Onde? [Wo?]	153
Fúria régia [Königswut]	155
Solve [Solve]	157
Coagula [Coagula]	159
Cranipensar [Schädeldenken]	161
Fumaça de Páscoa [Osterqualm]	163
Pausa em muro-cais [Kaimauer-Rast]	165
Exouvido [Erhört]	167
Fios de visão, de sentido 　[Schaufäden, Sinnfäden]	169
Um estrondo [Ein Dröhnen]	171
Tigelas de loucos [Irrennäpfe]	173
Doze de Lichtenberg [Lichtenbergs zwölf]	175
Give the word [Give the word]	179
De olhar os melros [Vom Anblick der Amseln]	181

V

Vasto, aceso abaulado 　[Grosse, glühende Wölbung]	185
Olhardósia [Schieferäugige]	187
Lodosa [Schlickende]	189
Tu, o [Du, das]	191
Com céus acalentada 　[Der mit Himmeln geheizte]	193
Revolta com brumeiros e letreiros 　[Dunstbänder-, Spruchbänder-Aufstand]	195
Repousa em tuas chagas 　[Ruh aus in deinen Wunden]	197

VI
Uma vez [Einmal] 201

Sobre o autor 203
Sobre o tradutor 205

À SOMBRA DO UMBRAL

Guilherme Gontijo Flores

A tradução que aqui apresento é uma relação, antes de tudo, de afeto. Poemas desdobrados de poemas, talvez mesmo como uma precisão que me assolava. Daí a necessidade desta nota para contar um pouco, quem sabe captar benevolência, talvez justificar-me a mim mesmo, duas hipóteses que abraço como abracei estes poemas.

Comecei a traduzir *Atemwende* em 2007, em Belo Horizonte, quando estava iniciando o segundo ano de mestrado na UFMG, imerso diariamente nas *Elegias* de Sexto Propércio. Sem qualquer trocadilho com *Atem*, Celan foi nesse período meu desalento alentador, meu contrafármaco necessário para curar a exaustão tradutória com mais tradução, num contraponto de tempo e modo e ser. Todo instante que me sobrava livre era um instante para tentar ler Celan, decodificar Celan, esmiuçar um pouco o fascínio que me causavam e causam a sintaxe e a morfologia do modo que ele as manipula, a dor respiratória e cristalizada, o olho em ardor de neve. Traduzi Celan porque precisava ler, ler de um modo muito específico, Celan; porque, segundo o adágio de Italo Calvino, "Traduzir é o modo verdadeiro de ler um texto"; sobretudo, porque a vida calhou de me jogar ao colo, àquela época, dois volumes, em edição bilíngue alemão-francês: *Die Niemandsrose* (*A rosa de ninguém*), que sai agora como livro-irmão na tradução do colega e amigo Mauricio Mendonça Cardozo, e *Atemwende*, que acabou me engolindo à época, porque, sendo devorado, devorei-o.

Terminei esta tradução em 2008 e pude contar imediatamente com a leitura generosa de Elcio Cornelsen, professor de alemão da UFMG, com quem então eu tinha aulas como ouvinte, e que talvez já nem se lembre mais da sua ajuda; também recebi uma leitura atenta de Mariana Camilo de Oliveira, que tinha acabado de defender sua dissertação de mestrado sobre o poeta, que acabou se tornando o livro *A dor dorme com as palavras* (7Letras, 2012). Guardo comigo as notas deles, porque foram o passo possível para eu um dia pensar que esta tradução não era só minha, não seria aventura solitária de convívio e leitura, mas algo passível de oferta, como do dom do poema se entrega o contradom da tradução. Um contradom que, insisto, tem mais de uma década no respiro abafado da gaveta. Passou, sim, por uma ou duas revisões rápidas, quando parecia que poderia sair editado; apareceu em pequenos pedaços numa postagem da revista *escamandro*, que coedito, em 20 de abril de 2012 (como efeméride avessa pelo aniversário do suicídio de Celan nas águas do rio Sena em 1970) e numa plaqueta artesanal editada pelo finado clube literário Hussardos, em 2014.

    Por isso, por seu espaçamento, por seu modelo de afeto, a tradução que hoje contraoferto é, salvo uma série de alterações menores, aquela mesma que emergiu dos comentários de Elcio e Mariana, ou ao menos segue um projeto ali concebido, talvez para até radicalizá-lo quando se mostrou possível. Guarda consigo um rastro, um lastro amoroso com a língua materna e língua homicida alemã criada por Paul Celan — pseudônimo de Paul Pessakh Antschel (1920-1970), esse incategorizável poeta-tradutor judeu romeno, nascido em Tchernivtsi (Bucovina), germanófono por parte de mãe, radicado na França depois da Segunda Guerra —, mesmo que eu tenha consultado nesses anos as traduções de João Barrento, Vanessa Milheiro, Cláudia Cavalcanti, Raquel Abi--Sâmara, Flávio Kothe e Celso Fraga da Fonseca, publicadas em português, além de algumas traduções inéditas de Mauricio Mendonça Cardozo, Hugo Simões e Yuri Kulisky, que pude conferir em primeira mão por generosidade deles, e mais outras com que topei na vida, também em outras línguas; mesmo que nesse meio-tempo eu tenha traduzido alguns outros poemas de Celan como aproximações possíveis em outros momentos. Fato é que revisei a tradução como se fosse de outra pessoa, porque é deveras de outra pessoa que por certo não existe mais; não sei quão diferente seria esta tradução se a começasse hoje, treze anos depois; nem quero saber de fato, porque me toca o convívio em retorno com Celan e comigo em vertigem de alterações; me toca ler estas traduções vindas de outro mundo e sonho que a outros também toquem. Porém preciso reconhecer que o desenvolvimento da internet ao longo desses anos me permitiu maior precisão no vocabulário técnico usado como máquina de metáfora em Celan, esse é o ponto de maior alteração, sem sombra de dúvida. Deixo aqui um exemplo de difícil tradução: no penúltimo poema da obra, "Repousa em tuas chagas", Celan usa o termo *Salzstrauch*, ao pé da letra "arbusto de sal", que designa também a planta *Halimodendron halodendron*, uma planta peculiar; no entanto, não encontrei absolutamente nenhum nome para a planta em português; diante disso, ao conferir que em espanhol existem os nomes *árbol de sal* e *arbusto de sal*, fiquei com a criação "pé-de-sal", que permite manter a metáfora salgada em torno do mar e uma referência ao nome da planta. São inúmeros exemplos similares que eu poderia citar, mas o jogo está entre o uso técnico e sua função metafórica, que permanecem instáveis o tempo todo.

Uma pequena palavra sobre a obra. *Atemwende* (*Ar-reverso*) é o sexto livro de poemas de Celan, foi publicado no final de agosto de 1967 pela editora Suhrkamp, em Frankfurt, numa disposição em seis ciclos, com um total de oitenta poemas escritos entre setembro de 1963 e setembro de 1965, ou seja, alguns deles são da época de publicação de *Die*

Niemandsrose (*A rosa de ninguém*), em 1963, enquanto os últimos coincidem com o começo da escrita de *Fadensonnen* (*Fiossóis*), de 1968; o próprio Celan, numa carta de 1967 à esposa, Gisèle Celan-Lestrange, o define como a coisa mais densa[1] que tinha escrito até a época e também a mais inapreensível ("*Es ist wirklich das Dichteste, was ich bisher geschrieben habe, auch das Umfassendste*"); ao mesmo tempo em que afirma ser um livro mais orgulhoso. Esses poemas, que aprofundam um tom mais áspero e seco em sua escrita, bem como os experimentos que flertam com a ilegibilidade, estão quase todos dispostos em ordem cronológica, seguindo aquilo que o tradutor francês Jean-Pierre Lefebvre chama de diário, em que "testemunham uma palavra saída de uma vida na história".

Esse período marca uma fase singularmente difícil na vida de Celan, que tento aqui resumir. Em 1963, depois de sair do sanatório de Épinay-sur-Seine, onde estava internado, e de publicar *A rosa de ninguém*, Celan faz algumas viagens pela Suíça, Itália e Alemanha, enquanto traduz obras de Henri Michaux e de René Char ao alemão; porém no começo de 1964 volta a ter recaídas psíquicas graves, que pioram bastante depois de ler um artigo negativo de Hans Egon Holthusen sobre seu último livro, o que contribui para uma depressão enquanto segue fazendo viagens também pela Holanda, Alemanha e Dinamarca. No começo de 1965, dois novos artigos na revista *Merkur*, um de Reinhard Baumgart e outro de Kurt Oppens, reavivam o trauma do caso Goll;[2] e, como

---

[1] Em alemão há um jogo frequente entre a noção de poesia (*Gedicht*) e a ambiguidade do verbo *dichten*, que significa tanto "fazer poesia" quanto "condensar".

[2] Seria longo retomar todo o caso Goll, mas para resumir: em 1953, Claire Goll, viúva do poeta franco-alemão Yvan Goll (1891-1950), que foi amigo de Celan, acusa o nosso poeta de plágio, alegando que ele teria copiado a obra *Traumkraut*. Para além do problema legal, como resultado

resultado disso, suas crises aumentam, gerando conflitos no casamento, o que é então resolvido com a ideia de que Celan deve viajar sozinho, sem a família, para a Itália. Depois de mais algumas viagens pela Alemanha e a Suíça, ainda em crise no retorno, Paul Celan decide mais uma vez se hospitalizar na clínica psiquiátrica de Vésine para se tratar. Pouco tempo depois da publicação de *Atemkristall* (*Arcristal*), entre setembro e novembro de 1965, já fora do sanatório, uma nova crise leva ao rompimento do casamento e Celan passa a morar sozinho; ainda neste ano, num ataque de delírio persecutório, Paul tenta matar Gisèle com uma faca, felizmente sem sucesso, o que faz com que termine o ano mais uma vez internado, em Suresnes. Aqui termina o período de escrita do livro, que só sairá dali a quase vinte meses; até a publicação, no entanto, tudo parece ficar mais estável em vários aspectos. No entanto, se a sua vida é uma série complicada de idas e vindas num sofrimento contínuo, *Atemwende*, como essa espécie de diário, está aberto a muitas sutilezas da experiência humana e do questionamento sobre a poesia, que atravessam o livro de cabo a rabo, ao mesmo tempo em que forma um processo de luto pelos seus mortos e um canto de resistência e afirmação da vida presente.

Dito isso, gostaria de levantar dois pontos que podem elucidar um pouco o projeto tradutório em retrospecto. Em primeiro lugar, o título em português já indica uma relação radical com o texto de Celan: *Atemwende* é expressão cunhada pelo poeta e, como tantas outras, de tradução difícil; ela já recebeu roupagens portuguesas como "mudança de ar", "mudança de respiração", "sopro, viragem", e eu mesmo considerei desde as primeiras versões a possibilidade mais inusitada de "ar-reverso". Explico-me: o termo alemão é for-

---

do litígio, que se renovou em 1960, Celan desenvolveu a partir de então seus delírios persecutórios e outros sintomas psíquicos que vão se agravando na última década de vida.

mado de duas palavras: *Atem* designa a respiração no sentido de alento, hausto, fôlego, ar que se respira; e *Wende*, que significa "mudança", até mesmo uma virada radical; juntas elas indicam, de modo oblíquo, talvez o átimo em que a inspiração estanca para se tornar expiração, ou vice-versa, como que cristalizando o momento do poema. Aliás, *Atemkristall* (que poderíamos traduzir por "Hausto-cristal", como Raquel Abi-Sâmara, ou mesmo como "Cristal-do-alento", mas que verto como "Arcristal") foi o nome do livro que Celan publicou pouco antes, em 1965, em Paris, pela editora Brunidor, em apenas 85 exemplares, com oito ilustrações de Gisèle Celan-Lestrange, onde podemos ler os poemas do primeiro ciclo do que viria a ser o livro completo. Diante desse efeito de obliquidade cristalina, de respiração estancada e de ar que se inverte, busquei recriar a junção bem como seu jogo sonoro com *Ar-reverso*, respeitando ao máximo o número de sílabas e de retomadas consonantais e vocálicas (*AtEmWEnde* torna-se *Ar-rEVErso*). A tensão do conceito aparecerá também em *O meridiano*, quando Celan, em seu famoso discurso de 1960 pelo prêmio Büchner, apresentou a difícil frase que retoma este mesmo termo: "*Dichtung: das kann eine Atemwende bedeuten*"; sentença que Claudia Cavalcanti traduz como "Poesia: pode significar uma mudança de ar", no sentido de uma virada da respiração, mas também de uma mudança relacional; e que eu mesmo verteria como "Poesia: pode significar um ar-reverso", que num outro momento argumentei derivar do movimento "entre o arreveso que se-nos arrevesa e o verso poético revertido em ar que retorna sempre e demanda voz".

Ar-reverso é também o instante de uma tradução.

Espero que essa escolha do título, acompanhada do título original, explicitem essa experiência de leitura e tradução. No que chego ao segundo ponto. Como alguém atravessado pela poesia celaniana, não procuro ali nem a chamada "poesia hermética" (fundada no conhecimento órfico e alquímico de Celan) que dominou boa parte da primeira recepção crítica dos seus poemas e livros, nem a "literatura de testemunho" que passou a imperar numa segunda onda ainda forte. O Celan que encontro em tradução é um poeta experimental de uma sensibilidade extrema, atravessado de uma dor de vida que é, a um só tempo, da história geral e de sua história pessoal, unidas no horror da Shoah e depois desdobradas no sofrimento psíquico violento (cf. "Fios de visão, de sentido"), nas recorrentes internações em sanatórios, nos tratamentos psiquiátricos com medicamentos pesados e eletrochoques (cf. "Dos punhos") etc.; mas é também um homem que amou e foi amado (cf. "Quando na cama"), teve filhos e perdeu o primogênito ("Pinça de têmporas"), traduziu poesia (de modo brilhante, mais de quarenta poetas, incluindo Fernando Pessoa), construiu uma erudição assombrosa, soltava risos curiosos, partilhava experiências de ordem vária com as pessoas ao seu redor e foi capaz de fazer um experimento absolutamente radical na poesia do século XX.

Cito, afinal, as palavras de Henri Michaux, que parecem sintetizar o que tento dizer com a necessária violência; segundo o francês, Paul Celan "utilizava com frequência um sorriso, um sorriso que tinha passado por mil naufrágios";[3] para o poeta romeno, a escrita podia ser tanto o dedo mais profundo na ferida, quanto um modo de cura, infelizmente fracassado. E isso aparece em tudo na escrita, da erudição dos termos técnicos de origem variada (repare-se em "Espelhos de falha" e "Decapado", ambos com termos tomados da geologia) até o truncamento das imagens (é possível falar em tal coisa?) que assola o olho da mente de quem lê. Veja-se, para

---

[3] Citado por Carlos Ortega, "Prólogo: Que nadie testifique por el testigo", em Paul Celan, *Obras completas*, 6ª ed., tradução de José Luis Reina Palazón, Madri, Trotta, 2009, pp. 9-36.

ficarmos em apenas um exemplo, como sua quebra de versos produz uma singularíssima tensão (costumo chamá-la "microssuspense frasal"), que manipula no limite a sintaxe da língua alemã numa frase que parece nunca terminar ou dar alívio semântico; isso eu busquei recriar, por vezes germanizando o português brasileiro, por vezes torcendo nossa frase oral até esse ponto reverso que se cristaliza em poema, mas sempre buscando o efeito de concisão e desconcerto que ali encontro a cada retorno. Nesse movimento, o poema pode até tocar o silêncio (um lugar-comum já exaurido pela teoria e pela poesia nas últimas décadas), porém nunca cede completamente e faz ali sua ferida como modo do convívio, uma ética implacável a ser pensada num país hoje cindido como o nosso.

Assim traduzi então, e hoje endosso aquele eu-tradutor meu estrangeiro, porque ainda entendo que tentar colocar Celan em qualquer armadura teórica ou crítica é e será perder o que se desdobra em potência de convocação (pense-se o poema "De pé") ou reflexão ("Uma vez") ou convite de vida ("Podes sem medo"), ou seja, o que se revela múltiplo e inabarcável pelo pensamento, mas que a poesia, como forma radical de vida, conforma no limite do impossível (isto é, do ainda-não-feito). Depois de muito refletir sobre a questão, optei por não basear minhas soluções em comentários da crítica genética, hoje crescentes nos estudos celanianos, por entender o poema como acontecimento que já nasce final; por isso escolhi sempre enfrentar a opacidade, muitas vezes acachapante, do texto publicado, mesmo que isso me deixasse distante das intenções do poeta. Em segundo lugar, optei por não fazer qualquer nota explicativa, seja sobre hermenêutica do poema, seja sobre problemas tradutórios inúmeros e suas possíveis soluções com termos técnicos, metáforas, recriações etc., porque sinto que boa parte da crítica até o momento se debruça sobre os dados pessoais do poeta (local da escrita, convívio imediato, sentidos em cartas), quando ele próprio sempre fez questão de calar esses detalhes; traduzo e apresento em português o Celan que convida o leitor a viver a poesia como encontro ainda inacabado, experiência da linguagem que é também construção de subjetividades. Talvez seja ingênuo de minha parte não passar adiante informações que eu mesmo busquei coligir, mas penso que a leitora ou leitor interessado pode seguir seu caminho por essas veredas, se julgar necessário.

Para esta tradução final, usei como base os textos da obra completa em sete volumes da Suhrkamp (2000), bem como a edição da poesia completa alemã comentada por Barbara Wiedemann (2005). Como não poderia deixar de ser no caso de um autor tão traduzido em vários países, também me debrucei sobre algumas traduções em outras línguas, como a clássica antologia em inglês de Michael Hamburger (2002) e a versão da obra completa em castelhano por José Luis Reina Palazón (2009); consultei igualmente traduções específicas do livro *Atemwende*, tais como a inglesa de Pierre Joris (1995 e 2014) e a francesa, já mencionada, de Jean-Pierre Lefebvre (2006), além dos poemas traduzidos esparsamente ao português por João Barrento e Y. K. Centeno (1996), Claudia Cavalcanti (1999), Raquel Abi-Sâmara (2005), Flávio Kothe (2016) e outras ainda mais esparsas entre artigos e ensaios. A ideia, além de dar uma primeira visão do livro integral em português, com a força de seus ciclos e retomadas, era ver como antes outros tradutores e tradutoras resolveram partes complexas, tantas, para então tentar, quando possível, dar caminhos outros para os mesmos poemas.

Gostaria ainda de agradecer as leituras recentes e amigas de Adalberto Müller, André Capilé, Cide Piquet, Daniel Martineschen, Izabela Drozdowska-Broering, Juliana Pasquarelli Perez, Mauricio Mendonça Cardozo, Nina Rizzi e Susana Kampff Lages, que contribuíram em vários pontos, e também o apoio ao longo dos anos de Adriano Scandolara, Bernardo Lins Brandão, Bruno D'Abruzzo, Francesca Angiolillo, Gustavo Silveira Ribeiro, Maria Aparecida Barbosa, Mayara Ribeiro, Patrícia Lavelle, Raquel Abi-Sâmara e Vanderley Mendonça, fora as pessoas já mencionadas antes. O que vocês podem encontrar, afinal, é uma espécie de transplante (nova muda em terreno baldio, ou coração deslocado de esterno?) que nunca termina de pegar: ar estanque que começa a se reverter nestas versões, que são por sua vez os desdobramentos de uma partilha que já não domino.

Curitiba, 25 de fevereiro de 2020

Obras consultadas

BOLLACK, Jean. *Poesía contra poesía: Celan y la literatura*. Traducción de Yael Langella, Jorge Mario Mejía Toro, Arnau Pons y Susana Romano-Sued, con la colaboración de Ana Nuño. Edición de Arnau Pons. Madri: Trotta, 2005.

CARSON, Anne. *Economy of the unlost: reading Simonides of Keos with Paul Celan*. Princeton: Princeton University Press, 1999.

CELAN, Paul. *Breathturn*. Translated from the German and with an Introduction by Pierre Joris. Los Angeles: Sun & Moon, 1995.

_____. *Arte poética: o meridiano e outros textos*. Tradução de João Barrento e Vanessa Milheiro. Lisboa: Cotovia, 1996.

_____. *Sete rosas mais tarde: antologia poética*. Seleção, tradução e introdução de João Barrento e Yvette Kace Centeno. Lisboa: Cotovia, 1996.

_____. *A morte é uma flor: poemas do espólio*. Tradução de João Barrento. Lisboa: Cotovia, 1998.

_____. *Cristal*. Seleção e tradução de Cláudia Cavalcanti. São Paulo: Iluminuras, 1999.

_____. *Gesammelte Werke in sieben Bänden*. Stuttgart: Suhrkamp, 2000 [1983-1997].

_____. *Poems of Paul Celan*. 4ª ed. Translated with an introduction and postscript by Michael Hamburger. Nova York: Persea, 2002.

_____. *Die Gedichte*. Kommentierte Gesamtausgabe in einem Band. Herausgegeben und kommentiert von Barbara Wiedemann. Stuttgart: Suhrkamp, 2005.

_____. *Renverse du souffle*. Traduit de l'allemand et annoté par Jean-Pierre Lefebvre. Paris: Seuil, 2006.

_____. *La rose de personne*. Traduction de l'allemand et postface de Martine Broda. Paris: Seuil, 2007.

_____. *Grille de parole*. Traduction de l'allemand et postface de Martine Broda. Paris: Seuil, 2008.

_____. *Obras completas*. 6ª ed. Prólogo de Carlos Ortega, traducción de José Luis Reina Palazón. Madri: Trotta, 2009.

_____. *Breathturn into Timestead: the collected later poetry of Paul Celan*. Translated from the German with a commentary by Pierre Joris. New York: Farrar, Straus & Giroux, 2014.

COSTA LIMA, Luiz. *A ficção e o poema: Antonio Machado, W. H. Auden, P. Celan, Sebastião Uchoa Leite*. São Paulo: Companhia das Letras, 2012.

GADAMER, Hans-Georg. *Quem sou eu, quem és tu? Comentário sobre o ciclo de poemas "Hausto-cristal", de Paul Celan*. Tradução e apresentação de Raquel Abi-Sâmara. Rio de Janeiro: Eduerj, 2005.

KOTHE, Flávio R. *A poesia hermética de Paul Celan*. Brasília: Editora UnB, 2016.

LACOUE-LABARTHE, Philippe. *La poésie comme expérience*. 2ª ed. Paris: Christian Bourgois, 1997.

OLIVEIRA, Mariana Camilo de. *"A dor dorme com as palavras": a poesia de Paul Celan nos territórios do indizível e da catástrofe*. Rio de Janeiro: 7Letras, 2012.

SIMÕES, Hugo. *A tradução do que se cala: Paul Celan entre genocídios*. Dissertação (Mestrado) de Letras. Curitiba: UFPR, 2018.

SPEIER, Hans-Michael (org.). *Gedichte von Paul Celan*. Stuttgart: Reclam, 2002.

AR-REVERSO
Atemwende

I

DU DARFST mich getrost
mit Schnee bewirten:
sooft ich Schulter an Schulter
mit dem Maulbeerbaum schritt durch den Sommer,
schrie sein jüngstes
Blatt.

Tu PODES sem medo
servir-me de neve:
sempre que eu ombro a ombro
com o pé de amora atravessava o verão,
gritava sua mais nova
folha.

VON UNGETRÄUMTEM geätzt,
wirft das schlaflos durchwanderte Brotland
den Lebensberg auf.

Aus seiner Krume
knetest du neu unsre Namen,
die ich, ein deinem
gleichendes
Aug an jedem der Finger,
abtaste nach
einer Stelle, durch die ich
mich zu dir heranwachen kann,
die helle
Hungerkerze im Mund.

Pelo insonhado gravada,
percorrida insone, a terrapão
revolve o montevida.

Da sua migalha
de novo sovas nossos nomes,
que eu, um olho
igual
ao teu em cada dedo,
tateio por
um local onde
posso velar por ti,
a clara
vela da fome na boca.

IN DIE RILLEN
der Himmelsmünze im Türspalt
preßt du das Wort,
dem ich entrollte,
als ich mit bebenden Fäusten
das Dach über uns
abtrug, Schiefer um Schiefer,
Silbe um Silbe, dem Kupfer-
schimmer der Bettel-
schale dort oben
zulieb.

NAS SERRILHAS
da moeda celeste em ranhura da porta
tu prensas a palavra
donde me desenrolei
quando com punhos trêmulos
demolia o teto sobre
nós, ardósia a ardósia,
sílaba a sílaba, pelo cobre-
lustre de uma caneca-
de-esmola no alto,
por amor.

IN DEN FLÜSSEN nördlich der Zukunft
werf ich das Netz aus, das du
zögernd beschwerst
mit von Steinen geschriebenen
Schatten.

Nos RIOS ao norte do futuro
eu lanço a rede que tu
hesitante sobrecarregas
com sombras escritas por
pedras.

VOR DEIN SPÄTES GESICHT,
allein-
gängerisch zwischen
auch mich verwandelnden Nächten,
kam etwas zu stehen,
das schon einmal bei uns war, un-
berührt von Gedanken.

Ante teu rosto tardio,
só-
vagante entre
noites que também me alteram,
algo fincou pé,
e esteve já conosco, in-
tacto de pensamentos.

Die Schwermutsschnellen hindurch,
am blanken
Wundenspiegel vorbei:
da werden die vierzig
entrindeten Lebensbäume geflößt.

Einzige Gegen-
schwimmerin, du
zählst sie, berührst sie
alle.

Nas corredeiras do pesar,
passando o liso
espelho das chagas:
ali flutuam descascadas
quarenta árvores da vida.

Única contra-
nadadora, tu
as contas, as tocas
todas.

DIE ZAHLEN, im Bund
mit der Bilder Verhängnis
und Gegen-
verhängnis.

Der drübergestülpte
Schädel, an dessen
schlafloser Schläfe ein irr-
lichternder Hammer
all das im Welttakt
besingt.

Os NÚMEROS, em aliança
com a ruína de imagens
e sua contra-
ruína.

Encasquetado o
crânio, e nessa
têmpora insone, em fátuo-
fogo um martelo
no tom do mundo a tudo
canta.

WEGE IM SCHATTEN-GEBRÄCH
deiner Hand.

Aus der Vier-Finger-Furche
wühl ich mir den
versteinerten Segen.

Caminhos no cavo-de-sombras
de tua mão.

Do Sulco-dos-Quatro-Dedos
escarafuncho a
pétrea bênção.

WEISSGRAU aus-
geschachteten steilen
Gefühls.

Landeinwärts, hierher-
verwehter Strandhafer bläst
Sandmuster über
den Rauch von Brunnengesängen.

Ein Ohr, abgetrennt, lauscht.

Ein Aug, in Streifen geschnitten,
wird all dem gerecht.

ALVIGRIS de ab-
rupto escavado
sentimento.

Terradentro, aqui
dispersa a aveia-brava sopra
as formas da areia sobre
a fumaça de fontecânticos.

Uma orelha, decepada, escuta.

Um olho, feito em fatias,
faz jus a tudo isso.

Mit erdwärts gesungenen Masten
fahren die Himmelwracks.

In dieses Holzlied
beißt du dich fest mit den Zähnen.

Du bist der liedfeste
Wimpel.

Com mastros decantados rumo à terra
vogam naufrágios celestes.

Nesse cantolenho
tu te firmas com os dentes.

Tu és a todacanto
firme flâmula.

SCHLÄFEZANGE
von deinem Jochbein beäugt.
Ihr Silberglanz da,
wo sie sich festbiß:
du und der Rest deines Schlafs –
bald
habt ihr Geburtstag.

PINÇA DE TÊMPORAS
mirada pelo teu malar.
Seu brilho prata ali,
onde ela se firmou:
tu e o resto de teu sono –
logo
fareis aniversário.

BEIM HAGELKORN, im
brandigen Mais-
kolben, daheim,
den späten, den harten
Novembersternen gehorsam:

in den Herzfaden die
Gespräche der Würmer geknüpft –:

eine Sehne, von der
deine Pfeilschrift schwirrt,
Schütze.

Junto ao granizo, na
espiga queimada
do milho, no lar,
obediente aos tardios,
duros astros de novembro:

ao cardiofio as
conversas de verme enlaçadas –:

uma corda, donde
zune tua letraflecha,
sagitário.

STEHEN, im Schatten
des Wundenmals in der Luft.

Für-niemand-und-nichts-Stehn.
Unerkannt,
für dich
allein.

Mit allem, was darin Raum hat,
auch ohne
Sprache.

DE PÉ, à sombra
da cicatriz das chagas no ar.

Por-nada-e-ninguém-De-pé.
Incógnito,
por ti
só.

Com tudo que aqui tem lugar,
mesmo sem
língua.

DEIN VON WACHEN stößiger Traum.
Mit der zwölfmal schrauben-
förmig in sein
Horn gekerbten
Wortspur.

Der letzte Stoß, den er führt.

Die in der senk-
rechten, schmalen
Tagschlucht nach oben
stakende Fähre:

sie setzt
Wundgelesenes über.

Besta pela vigília, teu sonho.
Com o verbirrastro doze
vezes para-
fúsico entalhado no
corno.

Dá sua última desembestada.

Na ver-
tical, angusta
garganta do dia, a barca
fincada acima:

ela tra-
aduz o texto-chaga.

Mit den Verfolgten im spätem, un-
verschwiegenem,
strahlendem
Bund.

Das Morgen-Lot, übergoldet,
heftet sich dir an die mit-
schwörende, mit-
schürfende, mit-
schreibende
Ferse.

Com os perseguidos em tardia, des-
emudecida,
radiante
aliança.

O hiperáureo prumo da aurora
se cola no teu con-
spirante, con-
sternante, con-
screvente
calcanhar.

FADENSONNEN
über der grauschwarzen Ödnis.
Ein baum-
hoher Gedanke
greift sich den Lichtton: es sind
noch Lieder zu singen jenseits
der Menschen.

Fiossóis
sobre o ermo grisnegro.
Um alto-
arbóreo pensar
capta o som ótico: há
mais canções por cantar além
dos homens.

IM SCHLANGENWAGEN, an
der weißen Zypresse vorbei,
durch die Flut
fuhren sie dich.

Doch in dir, von
Geburt,
schäumte die andre Quelle,
am schwarzen
Strahl Gedächtnis
klommst du zutag.

No serpentrem, ao
passar o cipreste branco,
pela cheia
eles te levaram.

Mas em ti, de
nascença,
espumava a outra fonte,
no negro
raio Memória
subiste ao dia.

HARNISCHSTRIEMEN, Faltenachsen,
Durchstich-
punkte:
dein Gelände.

An beiden Polen
der Kluftrose, lesbar:
dein geächtetes Wort.
Nordwahr. Südhell.

Espelhos de falha, eixo de dobras
pontos de inter-
seção:
teu terreno.

Nos dois pólos da
rosa das fendas, legível:
tua palavra proscrita.
Veronorte. Clarossul.

WORTAUFSCHÜTTUNG, vulkanisch,
meerüberrauscht.

Oben
der flutende Mob
der Gegengeschöpfe: er
flaggte – Abbild und Nachbild
kreuzen eitel zeithin.

Bis du den Wortmond hinaus-
schleuderst, von dem her
das Wunder Ebbe geschieht
und der herz-
förmige Krater
nackt für die Anfänge zeugt,
die Königs-
geburten.

Acreção verbal, vulcânica,
marulhada.

No alto
o fluxo da turba
de anticriaturas: em-
bandeirou – imagem e pós-imagem
fúteis cruzam o tempo.

Até que daqui lances a lua-
palavra, donde
sucede o milagre, a vazante
e a cardi-
forme cratera
procria, nua para origens,
os regi-
nascimentos.

(ICH KENNE DICH, du bist die tief Gebeugte,
ich, der Durchbohrte, bin dir untertan.
Wo flammt ein Wort, das für uns beide zeugte?
Du – ganz, ganz wirklich. Ich – ganz Wahn.)

(Eu te conheço, a toda recurvada,
eu, transpassado, a ti me submetera.
Onde arde a voz por nós testemunhada?
Tu – tão real. Eu – tão quimera.)

WEGGEBEIZT vom
Strahlenwind deiner Sprache
das bunte Gerede des An-
erlebten – das hundert-
züngige Mein-
gedicht, das Genicht.

Aus-
gewirbelt,
frei
der Weg durch den menschen-
gestaltigen Schnee,
den Büßerschnee, zu
den gastlichen
Gletscherstuben und -tischen.

Tief
in der Zeitenschrunde,
beim
Wabeneis
wartet, ein Atemkristall,
dein unumstößliches
Zeugnis.

Decapado pela
rajada da tua língua
o palavrório furta-cor do ad-
vivido – o centi-
língue meu mau-
poema, o nadema.

Na e-
vorsão,
livre,
o caminho pela neve
antropomórfica,
penitente, até
acolhedoras
mesas e casas de geleira.

Fundo
na fenda dos tempos,
junto
ao gelo em favos,
aguarda, um arcristal,
o teu irrevogável
testemunho.

II

Vom grossen
Augen-
losen
aus deinen Augen geschöpft:

der sechs-
kantige, absageweiße
Findling.

Eine Blindenhand, sternhart auch sie
vom Namen-Durchwandern,
ruht auf ihm, so
lang wie auf dir,
Esther.

Do grande
sem-
olhos
criado dos teus olhos:

o hexa-
gonal, alvirrecusante
bloco errático.

Uma mão de cego, também dura-estelar
por percorrer nomes,
repousa nele, tanto
tempo quanto em ti,
Ester.

SINGBARER REST – der Umriß
dessen, der durch
die Sichelschrift lautlos hindurchbrach,
abseits, am Schneeort.

Quirlend
unter Kometen-
brauen
die Blickmasse, auf
die der verfinsterte winzige
Herztrabant zutreibt
mit dem
draußen erjagten Funken.

– Entmündigte Lippe, melde,
daß etwas geschieht, noch immer,
unweit von dir.

Resto cantável – a silhueta
deste que através
da escritafoice irrompeu silente,
à parte, no lugar de neve.

Revirando
sob cometas-
celhas
a massa do olhar na qual
o eclipsado, miúdo
cardiossatélite deriva
com a
centelha caçada lá fora.

– Lábio interdito, relata
que algo acontece, ainda,
não longe de ti.

FLUTENDER, groß-
zelliger Schlafbau.

Jede
Zwischenwand von
Graugeschwadern befahren.

Es scheren die Buchstaben aus,
die letzten
traumdichten Kähne –
jeder mit einem
Teil des noch
zu versenkenden Zeichens
im
geierkralligen Schlepptau.

INUNDANTE hipno-
edifício macrocelular.

Cada
tabique navegado
por esquadros gris.

As letras dão guinada,
as últimas
barcas ao sonho calafetadas –
cada uma com
parte do signo
ainda por afundar
no
reboque com garras de abutre.

ZWANZIG FÜR IMMER
verflüchtigte Schlüsselburg-Blumen
in deiner schwimmenden linken
Faust.

In die Fisch-
schuppe geätzt:
die Linien der Hand,
der sie entwuchsen.

Himmels- und Erd-
säure flossen zusammen.
Die Zeit-
rechnung ging auf, ohne Rest. Es kreuzen
– dir, schnelle Schwermut, zulieb –
Schuppe und Faust.

VINTE PRA SEMPRE
voláteis prímulas de Schlüsselburg
em teu punho canhoto
nadador.

Gravadas na es-
cama de peixe:
as linhas da mão
onde brotaram.

Celestes e terrestres
ácidos confluem.
A conta
do tempo bateu, sem resto. Cruzam
– de amor a ti, veloz pesar –
escama e punho.

KEINE SANDKUNST MEHR, kein Sandbuch, keine Meister.

Nichts erwürfelt. Wieviel
Stumme?
Siebenzehn.

Deine Frage – deine Antwort.
Dein Gesang, was weiß er?

Tiefimschnee,
              Iefimnee,
                        I – i – e.

Chega de arte-areia, chega de livro-areia, chega de mestres.

Sem lance de dados. Quantos
mudos?
Dez-e-sete.

Tua pergunta – tua resposta.
Teu canto, o que ele sabe?

Dentroemneve,
             Entemeve,
                      E – e – é.

HELLIGKEITSHUNGER – mit ihm
ging ich die Brot-
stufe hinauf,
unter die Blinden-
glocke:

sie, die wasser-
klare,
stülpt sich über
die mitgestiegene, mit-
verstiegene Freiheit, an der
einer der Himmel sich sattfraß,
den ich sich wölben ließ über
der wortdurchschwommenen
Bildbahn, Blutbahn.

Fome de claridade – com ela
subi o degrau
do pão,
sob o sino
dos cegos:

ela, clara
que nem água,
se posta sobre
a consubida, a con-
sumida liberdade, com que
se empanturrou um dos céus
que deixei se abaular sobre
a verbientrenadada
via da imagem, via do sangue.

ALS UNS DAS WEISSE ANFIEL, nachts;
als aus dem Spendekrug mehr
kam als Wasser;
als das geschundene Knie
der Opferglocke den Wink gab:
Flieg! –

Da
war ich
noch ganz.

QUANDO NOS ATACOU O BRANCO, à noite;
quando da jarra de libação
veio mais que água;
quando o joelho esfolado
acenou ao sino sacrificial:
Voa! –

Então
eu era
ainda inteiro.

Hohles Lebensgehöft. Im Windfand
die leer-
geblasene Lunge
blüht. Eine Handvoll
Schlafkorn
weht aus dem wahr-
gestammelten Mund
hinaus zu den Schnee-
gesprächen.

OCA FAZENDA DE VIDA. No guarda-vento,
vazio
de sopro o pulmão
floresce. Um punhado
de hipnogrãos
sopra da boca vero-
balbuciante
para as conversas
de neve.

ÜBER DREI im meer-
trunkenen Schlaf
mit Braunalgenblut
bezifferte Brust-
warzensteine

stülp deinen sich
von der letzten
Regenschnur los-
reißenden Himmel.

Und laß
deine mit dir hierher-
gerittene Süßwassermuschel

all das hinunter-
schlürfen, bevor
du sie ans Ohr
eines Uhrschattens hältst,
abends.

SOBRE TRÊS seios
de pedra-judaica contados
com sangue de alga-parda
no sono mari-
ébrio

posta teu céu ar-
rancado do
último
canivete da chuva.

E deixa
a tua concha de água doce
contigo cavalgada até aqui

ab-
sorver tudo, antes
que o ponhas na orelha
de uma sombra das horas,
à tardinha.

AM WEISSEN GEBETRIEMEN – der
Herr dieser Stunde
war
ein Wintergeschöpf, ihm
zulieb
geschah, was geschah –
biß sich mein kletternder Mund fest, noch einmal,
als er dich suchte, Rauchspur
du, droben
in Frauengestalt,
du auf der Reise zu meinen
Feuergedanken im Schwarzkies
jenseits der Spaltworte, durch
die ich dich gehn sah, hoch-
beinig und
den schwerlippigen eignen
Kopf
auf dem von meinen
tödlich genauen
Händen
lebendigen Körper.

Sag deinen dich
bis in die Schluchten hinein-
begleitenden Fingern, wie
ich dich kannte, wie weit
ich dich ins Tiefe stieß, wo
dich mein bitterster Traum
herzher beschlief, im Bett
meines unablösbaren Namens.

NOS FILACTÉRIOS BRANCOS – o
senhor dessa hora
era
criatura invernal, por
amor a ele
deu no que deu –
minha boca escalando mordeu firme, outra vez,
ao te buscar, rastro de fumaça,
tu, no alto,
forma femínea,
tu em viagem até meu
fogopensar em seixo preto
pra lá das palavras-fendas por
onde te vi passar, com altas
pernas e
cabeça
de lábios pesados
sobre, em minhas
mãos
mortalmente exatas,
o corpo vivo.

Dize ao teus
dedos companheiros
até dentro de abismos como
eu te conheci, quanto
eu te meti no fundo, onde
meu sonho mais amargo
de coração dormiu contigo, na cama
do meu nome irremovível.

ERBLINDE schon heut:
auch die Ewigkeit steht voller Augen –
darin
ertrinkt, was den Bildern hinweghalf
über den Weg, den sie kamen,
darin
erlischt, was auch dich aus der Sprache
fortnahm mit einer Geste,
die du geschehn ließt wie
den Tanz zweier Worte aus lauter
Herbst und Seide und Nichts.

Cega-te hoje mesmo:
a eternidade também se encheu de olhos –
ali
se afoga o que ajudou as imagens
no caminho onde vinham,
ali
se apaga o que te afastou
da língua num gesto
que tu deixaste acontecer feito
a dança de duas palavras de puro
outono e seda e nada.

ENGHOLZTAG unter
netznervigem Himmelblatt. Durch
großzellige Leerstunden klettert, im Regen,
der schwarzblaue, der
Gedankenkäfer.

Tierblütige Worte
drängen sich vor seine Fühler.

Dia de alburno sob
uma retinérvea folha-céu. Pelas
macrocelulares horas vagas escala, na chuva,
o azulinegro, o
besouro do pensar.

Palavras de animal floressangue
se empilham ante suas antenas.

HEUTE:
Nächtliches, wieder, feuergepeitscht.
Glosender
Nacktpflanzenreigen.

(Gestern:
über den rudernden Namen
schwebte die Treue;
Kreide ging schreibend umher;
offen lag es und grüßte:
daß wassergewordene Buch.)

Den Eulenkiesel erlost –
vom Schlafsims
blickt er herunter
aufs Fünfaug, dem du verfielst.

Sonst?
Halb- und Viertel-
verbündete auf
der Geschlagenen-Seite. Reichtümer an
verloren-vergällter
Sprache.

Wenn sie den letzten
Schatten pfählen,
brennst du die schwörende Hand frei.

Hoje:
noturno, de novo, foguifustigado.
Reluzente, psilófita
ciranda de plantas nuas.

(Ontem:
sobre os nomes remantes
boiava a fidelidade;
o giz circunscrevia;
aberto ali saudava:
o livro aquificado.)

Salvo o seixo de coruja –
lá do hipnofriso
ele contempla abaixo
o quintolho a que cedeste.

Senão?
Semi- e quarto-
de-aliados no
flanco dos feridos. Riquezas de
perdida-perversa
língua.

Quando eles empalam
a última sombra,
liberas a fogo a mão da promessa.

MITTAGS, bei
Sekundengeflirr,
im Rundgräberschatten, in meinen
gekammerten Schmerz
– mit dir, Herbei-
geschwiegene, lebt ich
zwei Tage in Rom
von Ocker und Rot –
kommst du, ich liege schon da,
hell durch die Türen geglitten, waagrecht –:

es werden die Arme sichtbar, die dich umschlingen, nur sie. Soviel
Geheimnis
bot ich noch auf, trotz allem.

MEIO-DIA, com
bruxuleio de segundos,
à sombra de tumbas redondas, à minha
dor enclausurada
– contigo, a aqui-
calada, vivi
dois dias em Roma
de ocre e vermelho –
vens, já me deitei aqui,
clarideslizante pelas portas, horizontal –:

ficam visíveis os braços que te enlaçam, só eles. Quanto
segredo
anunciei, apesar de tudo.

UNTER DIE HAUT meiner Hände genäht:
dein mit Händen
getrösteter Name.

Wenn ich den Klumpen Luft
knete, unsere Nahrung,
säuert ihn der
Buchstabenschimmer aus
der wahnwitzig-offenen
Pore.

Sob a pele de minhas mãos, cosido:
teu nome con-
solado com mãos.

Quando sovo a massa
de ar, nosso alimento,
fermenta-o
o lume de letras vindo
do abertodelirante
poro.

DAS STUNDENGLAS, tief
im Päonienschatten vergraben:

Wenn das Denken die Pfingst-
schneise herabkommt, endlich,
fällt ihm das Reich zu,
wo du versandend verhoffst.

A AMPULHETA, fundo
sepultada à sombra de peônias:

quando o pensar desce, enfim,
a senda de Pentecostes,
recai nele o reino
onde areando espreitas.

HAFEN

Wundgeheilt: wo-,
wenn du wie ich wärst, kreuz-
und quergeträumt von
Schnapsflaschenhälsen am
Hurentisch

– würfel
mein Glück zurecht, Meerhaar,
schaufel die Welle zuhauf, die mich trägt, Schwarzfluch,
brich dir den Weg
durch den heißesten Schoß,
Eiskummerfeder –,

wo-
hin
kämst du nicht mit mir zu liegen, auch
auf die Bänke
bei Mutter Clausen, ja sie
weiß, wie oft ich dir bis
in die Kehle hinaufsang, heidideldu,
wie die heidelbeerblaue
Erle der Heimat mit all ihrem Laub,
heidudeldi,
du, wie die
Astralflöte von
jenseits des Weltgrats – auch da
schwammen wir, Nacktnackte, schwammen,
den Abgrundvers auf
brandroter Stirn – unverglüht grub
sich das tief-
innen flutende Gold

PORTO

Cicatriz-chaga: onde,
se fosses como eu, cruci-
e entresonhado por
gargalos de aguardente na
mesa das putas

– dadeia
à minha sorte, crina-do-mar,
pega um monte da onda que me leva, negroxingo,
rasga o caminho
no ventre mais ardente,
plumipenar de gelo –,

a-
onde
não virias ficar comigo, nem
nos bancos
da mãe Clausen; sim ela
sabe o quanto eu te
alcei cantos na garganta, mirtilotu,
como um mirtilo azul
o amieiro pátrio e sua copa,
mirtuloti,
tu, como a ti,
a flautastral de além
da crista do mundo – ali
nadamos, nusenus, nadamos,
no versabismo sobre
a fronte brasil – escavou
desaceso o fundo-
fluente ouro

seine Wege nach oben –,

                      hier,
mit bewimperten Segeln,
fuhr auch Erinnrung vorbei, langsam
sprangen die Brände hinüber, ab-
getrennt, du,
abgetrennt auf
den beiden blau-
schwarzen Gedächtnis-
schuten,
doch angetrieben auch jetzt
vom Tausend-
arm, mit dem ich dich hielt,
kreuzen, an Sternwurf-Kaschemmen vorbei,
unsre immer noch trunken, trinkenden,
nebenweltlichen Münder – ich nenne nur sie –,

bis drüben am zeitgrünen Uhrturm
die Netz-, die Ziffernhaut lautlos
sich ablöst – ein Wahndock,
schwimmend, davor
abweltweiß die
Buchstaben der
Großkräne einen
Unnamen schreiben, an dem
klettert sie hoch, zum Todessprung, die
Laufkatze Leben,
den
baggern die sinn-
gierigen Sätze nach Mitternacht aus,
nach ihm
wirft die neptunische Sünde ihr korn-
schnapsfarbenes Schleppseil,
zwischen

seu caminho ao alto –,

                  aqui,
com velas ciliadas,
também passou uma lembrança, lenta-
mente as flamas saltaram, dis-
tantes, tu,
distante das
duas azul-
negras gabarras
da memória,
e agora, impulsionadas
pelo mil-
braços com que te retenho,
cruzam, nos bares do lancestelar,
nossas bocas de um mundo à parte
sempre bêbadas, bebendo – pra não falar de outras –,

desce ao relógio da torre verde-tempo
a retina, silente pelequadrante
deslocada – um diquedelírio
nadando, adiante,
letras branco-des-
mundo das
grandes gruas
escrevem um inome, onde
escala para o salto da morte
o gato-de-escape Vida,
que
frases ávidas de
sentido dragam depois da meia-noite,
a ele
o pecado netúnio lança
a sirga cor-de-uísque,
entre

zwölf-
tonigen Liebeslautbojen
– Ziehbrunnenwinde damals, mit dir
singt es im nicht mehr
binnenländischen Chor –
kommen die Leuchtfeuerschiffe getanzt,
weither, aus Odessa,

die Tieflademarke,
die mit uns sinkt, unsrer Last treu,
eulenspiegelt das alles
hinunter, hinauf und – warum nicht? *wundgeheilt, wo-,*
                                                           wenn –

herbei und vorbei und herbei.

dodeca-
fônicas boias de amor
– antes cegonha-de-poço, contigo
é que isso canta no coral
não mais continental –
chegam dançando os navios-faróis,
de longe, de Odessa,

a linha de água
que afunda conosco, fiel à carga,
pinta e borda tudo
ao fundo, ao alto e – por que não? *cicatriz-chaga, onde,*
se –
aqui e ali e aqui.

III

SCHWARZ,
wie die Erinnerungswunde,
wühlen die Augen nach dir
in dem von Herzzähnen hell-
gebissenen Kronland,
das unser Bett bleibt:

durch diesen Schacht mußt du kommen –
du kommst.

Im Samen-
sinn
sternt dich das Meer aus, zuinnerst, für immer.

Das Namengeben hat ein Ende,
über dich werf ich mein Schicksal.

Negros,
como a chaga do lembrar,
urgem os olhos por ti
na terra da coroa clari-
mordida por cardiodentes,
que ainda é nossa cama:

por esses poços deves vir –
tu vens.

No senso-
sêmen
o mar te estrela, lá dentro, pra sempre.

Dar nome tem um fim,
sobre ti lanço o meu destino.

HAMMERKÖPFIGES, im
Zeltgang,
neben uns her, der doppelten,
langsam strömenden Rotspur.

Silbriges:
Hufsprüche, Schlaflied-
gewieher – Traum-
hürde und -wehr –: niemand
soll weiter, nichts.

Dich unter mir, kentaurisch
gebäumt,
münd ich in unsern hinüber-
rauschenden Schatten.

Testamartelante, no
furta-passo,
vem a nós, com duplo
rubrorrastro em fluxo lento.

Argênteo:
ditocasco, relincho-
de-ninar – oniro-
cerca e -banco –: ninguém
pode seguir, nada.

Ti sob mim, centáurico
empinado,
desemboco em nossas sobre-
rumorosas sombras.

LANDSCHAFT mit Urnenwesen.
Gespräche
von Rauchmund zu Rauchmund.

Sie essen:
die Tollhäusler-Trüffel, ein Stück
unvergrabner Poesie,
fand Zunge und Zahn.

Eine Träne rollt in ihr Auge zurück.

Die linke, verwaiste
Hälfte der Pilger-
muschel – sie schenkten sie dir,
dann banden sie dich –
leuchtet lauschend den Raum aus:

das Klinkerspiel gegen den Tod
kann beginnen.

Paisagem com seres de urna.
Conversas
de bocafumo a bocafumo.

Comem:
a trufa dos lunáticos, uma fatia
de poesia insepulta,
achou língua e dente.

Uma lágrima retorna ao seu olho.

A parte canhota,
órfã da concha-
de-peregrino – elas te ofertaram,
depois te enlaçaram –
reluz à espreita no espaço:

o jogo de gude contra a morte
pode começar.

DIE GAUKLERTROMMEL,
von meinem Herzgroschen laut.

Die Sprossen der Leiter, über
die Odysseus, mein Affe, nach Ithaca klettert,
rue de Longchamp, eine Stunde
nach dem verschütteten Wein:

tu das zum Bild
das uns heimwürfelt in
den Becher, in dem ich bei dir lieg,
unausspielbar.

O TAMBOR DO JOGRAL,
soando do meu coraçãovintém.

Os degraus da escada que
escala Odisseu, meu símio, rumo a Ítaca,
rue de Longchamp, uma hora
depois do vinho derramado:

junta isso ao quadro
que nos relança ao lar
no copo de dados onde deito contigo,
injogável.

WENN DU IM BETT
aus verschollenem Fahnentuch liegst,
bei blauschwarzen Silben, im Schneewimperschatten,
kommt, durch Gedanken-
güsse,
der Kranich geschwommen, stählern –
du öffnest dich ihm.

Sein Schnabel tickt dir die Stunde
in jeden Mund – in jeder
glöcknert, mit glutrotem Strang, ein Schweige-
Jahrtausend.
Unfrist und Frist
münzen einander zutode,
die Taler, die Groschen
regnen dir hart durch die Poren,
in
Sekundengestalt
fliegst du hin und verrammelst
die Türen Gestern und Morgen, – phosphorn,
wie Ewigkeitszähne,
knospt deine eine, knospt auch die
andere Brust,
den Griffen entgegen, unter
den Stößen –: so dicht,
so tief
gestreut
ist der sternige
Kranich-
Same.

Quando na cama
de bandeira desaparecida te deitas,
com sílabas negrazuis, na sombra em cílio-neve,
vem, pela fundição-
pensar,
nadando o férreo grou –
a ele te abres.

Seu bico tiquetaqueia-te a hora
em cada boca – em cada uma
toca, na corda brasil, um milênio-
silêncio,
desprazo e prazo
cunham-se até a morte,
táleres, vinténs
te chovem cerrado pelos poros,
em
forma de segundo
tu voas e trancas
as portas Ontem e Hoje, – fosfórico,
qual dentes do eterno,
brota teu um, brota também
teu outro seio,
contra as garras, sob
os baques –: tão densa,
tão fundo
semeada
a estrelada
semente
do grou.

HINTERM KOHLEGEZINKTEN Schlaf
– man kennt unsre Kate –,
wo uns der Traumkamm schwoll, feurig, trotz allem,
und ich die Goldnägel trieb in unser
nebenher sargschön
schwimmendes Morgen,

da schnellten die Ruten königlich vor unserm Aug,
Wasser kam, Wasser,
bissig
gruben sich Kähne voran durch die Großsekunde Gedächtnis,
es trieb das Getier mit den Schlamm-Mäulern um uns
– so viel
fing noch kein Himmel –,
was warst du, Zerrissene, doch
wieder für eine Reuse! –, trieb das Getier, das Getier,

Salzhorizonte
bauten an unsern Blicken, es wuchs ein Gebirg
weit hinaus in die Schlucht,
in der meine Welt die deine
aufbot, für immer.

ATRÁS DO CARBONOTADO sono
– conhecem nossa choça –,
onde inchou o pentessonho, ígneo, apesar de tudo,
e eu lancei unhas d'ouro em nosso
próximo, belo-fúnebre
amanhã nadador,

lá régias varas se arrojaram ao nosso olho,
água veio, água,
vorazes
botes se escavaram na macrossegundos Memória,
os bichos com boca de barro nos cercavam
– a tanto
nenhum céu prendeu –,
de novo tu, dilacerada,
foste uma bela nassa! –, cercavam-nos bichos, bichos,

horizontes de sal
ao nosso olhar se ergueram, um monte cresceu
pra fora da garganta
onde meu mundo anunciava
o teu, pra sempre.

IN PRAG

Der halbe Tod,
großgesäugt mit unserm Leben,
lag aschenbildwahr um uns her –

auch wir
tranken noch immer, seelenverkreuzt, zwei Degen,
an Himmelssteine genäht, wortblutgeboren
im Nachtbett,

größer und größer
wuchsen wir durcheinander, es gab
keinen Namen mehr für
das, was uns trieb (einer der Wieviel-
unddreißig
war mein lebendiger Schatten,
der die Wahnstiege hochklomm zu dir?),

ein Turm,
baute der Halbe sich ins Wohin,
ein Hradschin
aus lauter Goldmacher-Nein,

Knochen-Hebräisch,
zu Sperma zermahlen,
rann durch dir Sanduhr,
die wir durchschwammen, zwei Träume jetzt, läutend
wider die Zeit, auf den Plätzen.

EM PRAGA

Meia morte,
amamentada em nossa vida,
cercou-nos cineralvera –

nós ainda
bebíamos, almacruzados, dois gládios,
cosidos nas pedras celestes, de verbissangue nascidos,
em cama noturna,

mais e mais
crescíamos no entrelaçar, não
havia mais nome para
o que nos impelia (um dos trinta
e tantos
era minha sombra viva
subindo a escadadelírio rumo a ti?),

uma torre,
metade se erguia no Aonde,
um Hradčany
de puro não de alquimista,

hebraicósseo,
moído em esperma,
corria na ampulheta
que entrenadávamos, dois sonhos agora, soando
contra o tempo, nas praças.

Von der Orchis her –
geh, zähl
die Schatten der Schritte zusammen bis zu ihr
hinterm Fünfgebirg Kindheit –,
von ihr her, der
ich das Halbwort abgewinn für die Zwölfnacht,
kommt meine Hand dich zu greifen
für immer.

Ein kleines Verhängnis, so groß
wie der Herzpunkt, den ich
hinter dein meinen Namen
stammelndes Aug setz,
ist mir behilflich.

        Du kommst auch,
wie über Wiesen,
und bringst das Bild einer Kaimauer mit,
da würfelten, als
unsre Schlüssel, tief im Verwehrten,
sich kreuzten im Wappengestalt,
Fremde mit dem, was
wir beide noch immer besitzen
an Sprache,
an Schicksal.

Desde o órquis –
vai, conta
as sombras de passos até ele
detrás da Infância Cincomontes –,
dês dele, donde
ganho o semiverbo para as Doze Noites,
vem minha mão tomar-te
pra sempre.

Uma pequena ruína, imensa
como o cardioponto que
ponho atrás do teu olho
a balbuciar meu nome,
me ajuda.

                Tu vens também,
como no pasto,
trazes contigo a imagem de um muro-cais,
ali dadeavam, enquanto
nossas chaves, no fundo do interdito,
cruzaram-se em brasões,
estrangeiros com o que
nós dois sempre tivemos
de língua,
de destino.

HALBZERFRESSENER, masken-
gesichtiger Kragstein,
tief
in der Augenschlitz-Krypta:

Hinein, hinauf
ins Schädelinnre,
wo du den Himmel umbrichst, wieder und wieder,
in Furche und Windung
pflanzt er sein Bild,
das sich entwächst, entwächst.

SEMICORROÍDO, rosto-
mascarado modilhão,
fundo
na criptafenda ocular:

Dentro, sobre
o entrecrânio,
onde destróis o céu, de novo e de novo,
em sulco e dobra
ele planta a própria imagem,
que transborda, transborda.

Aus Fäusten, weiß
von der aus der Wortwand
freigehämmerten Wahrheit,
erblüht dir ein neues Gehirn.

Schön, durch nichts zu verschleiern,
wirft es sie, die
Gedankenschatten.
Darin, unverrückbar,
falten sich, heut noch,
zwölf Berge, zwölf Stirnen.

Die auch von dir her stern-
äugige Streunerin Schwermut
erfährts.

Dos punhos, branco
pela verdade liberta
do verbimuro a marteladas,
floresce-te um novo cérebro.

Belas, e nada pode velá-las,
ele as lança, as
sombras do pensar.
Ali, inalienáveis,
dobram-se, ainda hoje,
doze montes, doze testas.

Quem também tem teu olho-
estrela a errática melancolia
bem sabe.

SCHWIRRHÖLZER fahren ins Licht, die Wahrheit
gibt Nachricht.

Drüben die Ufer-
böschung schwillt uns entgegen,
ein dunkler
Tausendglanz – die
auferstandenen Häuser! –
singt.

Ein Eisdorn – auch wir
hatten gerufen –
versammelt die Klänge.

Rombos rumam à luz, a verdade
traz notícias.

Do outro lado o barranco
da margem infla contra nós,
um negro
milbrilhar – as
casas ressuscitadas! –
canta.

Um pico-de-gelo – nós
também clamamos –
reúne os sons.

ABENDS, in
Hamburg, ein
unendlicher Schuhriemen – an
ihm
kauen die Geister –
bindet zwei blutige Zehen zusammen
zum Wegschwur.

À NOITINHA, em
Hamburgo, um
cadarço infinito – onde
os
fantasmas mastigam –
enlaça e une dois dedões sangrentos
na jura da estrada.

BEI DEN ZUSAMMENGETRETENEN
Zeichen, im
worthäutigen Ölzelt, am Ausgang
der Zeit,
hellgestöhnt
ohne Laut
– du, Königsluft, ans
Pestkreuz genagelte, jetzt
blühst du –,
porenäugig,
schmerzgeschuppt, zu
Pferde.

Junto a apinhados, pisados
sinais, na
tenda do unguento, verbicoberta, na partida
do tempo,
clarigemido
sem sons
– tu, ar régio,
pregado à cruz da peste, agora
floreces tu –,
porocular,
dorescamado, a
cavalo.

DAS AUFWÄRTSSTEHENDE LAND,
rissig,
mit der Flugwurzel, der
Steinatem zuwächst.

Auch hier
stürzen die Meere hinzu, aus der Steilschlucht,
und dein sprach-
pockiger, panischer
Ketzer
kreuzt.

A TERRA VERTICAL,
fendida,
com raiz de voo a
que se acresce arpedra.

Aqui também
se precipitam mares, da garganta escarpada,
e o teu, lingui-
bexiguento, pânico
herege
se erige.

DAS UMHERGESTOSSENE
Immer-Licht, lehmgelb,
hinter
Planetenhäuptern.

Erfundene
Blicke, Seh-
narben,
ins Raumschiff gekerbt,
betteln um Erden-
münder.

A CIRCUMPILADA
sempre-luz, lodamarela,
detrás
das testas dos planetas.

Olhares
inventados, gilvazes
da vista,
entalhados na espaçonave,
mendigam térreas
bocas.

ASCHENGLORIE hinter
deinen erschüttert-verknoteten
Händen am Dreiweg.

Pontisches Einstmals: hier,
ein Tropfen,
auf
dem ertrunkenen Ruderblatt,
tief
im versteinerten Schwur,
rauscht es auf.

(Auf dem senkrechten
Atemseil, damals,
höher als oben,
zwischen zwei Schmerzknoten, während
der blanke
Tatarenmond zu uns heraufklomm,
grub ich mich in dich und in dich.)

Aschen-
glorie hinter
euch Dreiweg-
Händen.

Das vor euch, vom Osten her, Hin-
gewürfelte, furchtbar.

Niemand
zeugt für den
Zeugen.

CINEREAURÉOLA detrás
das tuas nódulo-trêmulas
mãos no trívio.

Pôntico outrora: aqui,
uma gota,
sobre
a pá de remo afogada,
fundo
no pétreo juramento,
rumoreja.

(Sobre a arcorda
vertical, então,
mais alto que o alto,
entre dois dornódulos, enquanto
a branca,
tartárea lua a nós se alçava,
eu me cavei em ti e em ti.)

Cinérea-
auréola detrás
de vós, trívias
mãos.

Diante de vós, do leste, os da-
deados, temíveis.

Ninguém
testemunha pela
testemunha.

IV

Das Geschriebene höhlt sich, das
Gesprochene, meergrün,
brennt in den Buchten,

in den
verflüssigten Namen
schnellen die Tümmler,

im geewigten Nirgends, hier,
im Gedächtnis der über-
lauten Glocken in – wo nur?,

wer
in diesem
Schattengeviert
schnaubt, wer
unter ihm
schimmert auf, schimmert auf, schimmert auf?

O escrito se esvazia, o
falado, verdemar,
arde nas baías,

nos
nomes fluidos
saltam golfinhos,

no eterno nenhures, aqui,
na memória dos multis-
sonantes sinos no – onde então?,

quem
nesse
quadrado de sombras
bufa, quem
sob ele
clareia, clareia, clareia?

CELLO-EINSATZ
von hinter dem Schmerz:

die Gewalten, nach Gegen-
himmeln gestaffelt,
wälzen Undeutbares vor
Einflugschneise und Einfahrt,

der
erklommene Abend
steht voller Lungengeäst,

zwei
Brandwolken Atem
graben im Buch,
das der Schläfenlärm aufschlug,

etwas wird wahr,

zwölfmal erglüht
das von Pfeilen getroffene Drüben,

die Schwarz-
blütige trinkt
des Schwarzblütingen Samen,

alles ist weniger, als
es ist,
alles ist mehr.

Entrada de cello
por trás da dor:

forças, em contra-
céus escalonadas,
rolam o indecifrável ante
faixa de pouso e acesso,

a
tarde escalada,
cheia de ramo pulmonar,

duas
incendinuvens de ar
cavam no livro
que abriu o ruído das têmporas,

algo vira vero,

doze vezes se abrasa
tocado por flechas o além,

a sangui-
negra bebe
o sanguinegro sêmen.

tudo é menos do
que é,
tudo é mais.

FRIHED

Im Haus zum gedoppelten Wahn,
wo die Steinboote fliegen
überm
Weißkönigs-Pier, den Geheimnissen zu,
wo das endlich
abgenabelte
Orlog-Wort kreuzt,

bin ich, von Schilfmark Genährte,
in dir, auf
Wildenten-Teichen,

ich singe –

was sing ich?

Der Mantel
des Saboteurs
mit den roten, den weißen
Kreisen um die
Einschuß-
stellen
– durch sie
erblickst du das mit uns fahrende
frei-
sternige Oben –
deckt uns jetzt zu,

der Grünspan-Adel vom Kai,
mit seinen Backstein-Gedanken
rund um die Stirn,
häuft den Geist rings, den Gischt,

FRIHED

Na casa de duplo delírio,
onde voam petribotes
pelo
dique do alvirrei, rumo aos mistérios,
onde a infinda
desumbilical
palavra Orlog cruza,

estou, amamentada à canamarca,
em ti, em
tanques de patos,

eu canto –

o que canto?

O manto
do sabotador
com os rubros, os alvos
círculos nos
entre-
pontos
– entre eles
avistas errante conosco
o libre-
estelar Alto –
agora nos recobre,

a nobrezinabre do cais,
com seu pensarladrilho
cercando a testa,
circacumula o espírito, a espuma,

schnell
verblühn die Geräusche
diesseits und jenseits der Trauer,

die näher-
segelnde
Eiterzacke der Krone
in eines Schief-
geborenen Aug
dichtet
dänisch.

rápido
desfloram ruídos
aquém e além do luto,

perto-
velejante
a pontapus da coroa
num olho nati-
oblíquo
versos diz
em danês.

DEN VERKIESELTEN SPRUCH in der Faust,
vergißt du, daß du vergißt,

am Handgelenk schießen
blinkend die Satzzeichen an,

durch die zum Kamm
gespaltene Erde
kommen die Pausen geritten,

dort, bei
der Opferstaude
wo das Gedächtnis entbrennt,
greift euch der Eine
Hauch auf.

O PROVÉRBIO SILICIFICADO no punho
tu esqueces que esqueces,

no pulso estouram
pontuações de cristais,

entre a terra
fendida num pente
cavalgam pausas,

ali, junto
ao arbusto sacrificial
onde a memória queima,
apanha-vos o único
hálito.

Wo?
In den Lockermassen der Nacht.

Im Gramgeröll und -geschiebe,
im langsamsten Aufruhr,
im Weisheitsschacht Nie.

Wassernadeln
nähn den geborstenen
Schatten zusammen – er kämpft sich
tiefer hinunter,
frei.

Onde?
Nos piroclastos da noite.

No rolo e deslize da aflição,
No mais lento motim,
No poço-de-sabedoria Nunca.

Agualfinetes
recosem a sombra
fragmentária – ela luta
lá no fundo,
livre.

KÖNIGSWUT, steinmähnig, vorn.

Und die verrauchten
Gebete –
Hengste, hinzu-
geschmertzt, die
unbezähmbar-gehorsame
Freischar:

psalmhufig, hinsingend über
auf-, auf-, auf-
geblättertes Bibelgebirg,
auf die klaren, mit-
klirrenden,
mächtigen Meerkeime zu.

FÚRIA RÉGIA, crinipétrea, diante.

E fumegadas
preces –
garanhões, supra-
doridos, os
indomáveis-dóceis
voluntários:

cascossálmicos, cantantes num
fo-, fo-, fo-
lheado monte da Bíblia,
rumo aos claros, con-
sonantes,
potentes germes de mar.

SOLVE

Entosteter, zu
Brandscheiten zer-
spaltener Grabbaum:

an den Gift-
pfalzen vorbei, an den Domen,
stromaufwärts, strom-
abwärts geflößt

vom winzig-lodernden, vom
freien
Satzzeichen der
zu den unzähligen zu
nennenden un-
aussprechlichen
Namen aus-
einandergeflohenen, ge-
borgenen
Schrift.

SOLVE

Des-orientada
árvore sepulcral fen-
dida pra lenha:

frente a paços
venenosos, a catedrais,
rio acima, rio
abaixo boia

da miniflamejante, da
livre
pontuação da
(aos incontáveis aos
inefáveis
nomes por
falar
dispersa em fuga) res-
guardada
escrita.

COAGULA

Auch deine
Wunde, Rosa.

Und das Hörnerlicht deiner
rumänischen Büffel
an Sternes Statt überm
Sandbett, im
redenden, rot-
aschengewaltigen
Kolben.

COAGULA

Também tua
chaga, Rosa.

E a corniluz de teus
búfalos romenos
em vez de estrela sobre
leito de areia, no
falante, pó-
rubripotente
êmbolo.

SCHÄDELDENKEN, stumm, auf der Pfeilspur.

Dein hohes
Lied, in der harten
Februarfunken verbißner,
halbzertrümmerter
Kiefer.

Die eine, noch
zu befahrende Meile
Melancholie.

Von Erreichtem umbuscht jetzt, zielblau,
aufrecht im Kahn,
auch aus dem knirschenden Klippen-
segen entlassen.

CRANIPENSAR, mudo, no rastro da flecha.

Teu cântico
dos cânticos, plantada
em dura centelha fevereira
a semidestroçada
mandíbula.

A milha
ainda a percorrer
de melancolia.

Desembrenhado agora do alcançado, mirazul,
de pé na barca,
também de rangente bênção-
escolho liberado.

OSTERQUALM, flutend, mit
der buchstabenähnlichen
Kielspur inmitten.

(Niemals war Himmel.
Doch Meer ist noch, brandrot,
Meer.)

Wir hier, wir,
überfahrtsfroh, vor dem Zelt,
wo du Wüstenbrot bukst
aus mitgewanderter Sprache.

Am äußersten Blickrand: der Tanz
zweier Klingen übers
Herzschattenseil.

Das Netz darunter, geknüpft
aus Gedanken-
enden – in welcher
Tiefe?

Da: der zerbissene
Ewigkeitsgroschen, zu uns
heraufgespien durch die Maschen.

Drei Sandstimmen, drei
Skorpione:
das Gastvolk, mit uns
im Kahn.

FUMAÇA DE PÁSCOA, subindo, com
o letrístico
rastro da quilha ao meio.

(Nunca houve céu.
Ainda há mar, brasil,
mar.)

Nós aqui, nós,
atravessalegres, frente à tenda
onde assas pão do deserto
em língua coperegrina.

Na margem do olhar: a dança
de duas lâminas sobre
a cordissombra corda.

A rede abaixo, presa
por fini-
pensares – em qual
fundura?

Lá: mordido o
vintém da eternidade, em nós
sobrecuspido entre as malhas.

Três vozes de areia, três
escorpiões:
os imigrantes, conosco
na barca.

KAIMAUER-RAST, rittlings,
im Schatten der
von obenher auf-
gefächerten Trümpfe –

deine
abgegriffenen
Hände, gröber als je,
greifen anderswohin.

Die schöpfende, wieder
und wieder
überschwappende, um-
zugießende Schale voll Galle.

Die leicht
herübergeneigten,
flußaufwärts gesteuerten
Wandergefäße, dicht
an deinem Knieschorf vorbei.

Quader, reit.

Grauglaube neben mir,
trink
mit.

Pausa em muro-cais, a cavalo,
na sombra dos
altiabertos
abanados trunfos –

tuas
manuseadas
mãos, mais brutas que nunca,
agarram alhures.

A criadora, de novo
e de novo
transbordante, trans-
vasante taça de fel.

As levemente
sobrestendidas,
vasiviajantes conduzidas
rio acima, densas
ante tua genuescara.

Silhar, cavalga!

Griscrença ao meu lado,
vem
beber.

ERHÖRT
von den umgebetteten Funken
der Feuerduft um
den Leuchterstachel.

Alle
Bahnen sind frei.

Mehrere Erden
spiel ich dir zu im Erblinden –
die beiden
weißen behältst du, eine
in jeder Hand.

Die Un-
bestatteten, ungezählt, droben,
die Kinder,
sind absprungbereit –

Dir,
Quellnächtige, war
ich nicht ähnlich:
dich, Freudige, wie
du jetzt schwebst,
pfählt der unsichtbare, zweite,
stehende Brand.

Exouvido
pelas centelhas exumadas,
o igneodor em torno
à ponta do candelabro.

Todas as
vias estão livres.

Mais terras
te lanço na cegueira –
ambas
alvas tu guardas, uma
em cada mão.

As in-
sepultas, inúmeras, no alto,
as crianças
prontas para o pulo –

Contigo,
fontenoturna, eu
não parecia:
a ti, gozosa, como
agora pairas,
empala a invisível, a segunda
queimada contínua.

SCHAUFÄDEN, SINNFÄDEN, aus
Nachtgalle geknüpft
hinter der Zeit:

wer
ist unsichtbar genug,
euch zu sehen?

Mantelaug, Mandelaug, kamst
durch alle die Wände,
erklimmst
dieses Pult,
rollst, was dort liegt, wieder auf –

Zehn Blindenstäbe,
feurig, gerade, frei,
entschweben dem eben
geborenen Zeichen,

stehn
über ihm.

Wir sind es noch immer

Fios de visão, de sentido, com
rouxifel noturno tecidos
atrás do tempo:

quem
é bastante invisível
para vos ver?

Mantolho, amendolho, vieste
entre todas paredes,
sobes
neste atril,
redesenrolas o que ali jaz –

Dez bastões de cego,
ardentes, retos, livres,
desvanecem no recém-
nascido signo,

de pé
sobre ele.

Somos isso sempre.

EIN DRÖHNEN: es ist
die Wahrheit selbst
unter die Menschen
getreten,
mitten ins
Metapherngestöber.

Um estrondo: é
a própria verdade
sob os homens
pisada,
em meio a
tormentáforas.

IRRENNÄPFE, vergammelte
Tiefen.

Wär ich – –

Nun ja, wär ich
die – wohin gebogene? –
Esche draußen,

ich wüßte dich zu begleiten,
leuchtendes Graugericht mit
dem dich durchwachsenden, schnell
herunterzuwürgenden Bild
und dem eng-
gezogenen, flackernden
Denkkreis um euch
beide.

Tigelas de loucos, fundos
podres.

Fosse eu – –

Bom, sim, fosse eu
o – curvado aonde? –
freixo lá fora,

saberia te escoltar,
luzente grisprato com
a te-entremeante, veloz
subsufocante imagem
e o estrei-
traçado, flamejante
círculo mental em volta
de vós dois.

LICHTENBERGS ZWÖLF mit dem Tischtuch
ererbte Mundtücher – ein
Planetengruß an
die Sprachtürme rings
in der totzuschweigenden Zeichen-
Zone.

Sein

– kein Himmel ist, keine
Erde, und beider
Gedächtnis gelöscht
bis auf den einen
eschengläubigen Blauspecht –,

sein
vom Stadtwall gepflückter
weißer Komet.

Eine Stimmritze, ihn
zu bewahren,
im All.

Das Rotverlorene eines
Gedanken-
fadens. Die laut-
gewordenen Klagen
darüber, die Klage
darunter – wessen
Laut?

DOZE DE LICHTENBERG, com toalha de mesa,
guardanapos herdados – uma
saudação planetária
nas linguitorres em torno
das signizonas por
morticalar.

Ser

– nem céu, nem
terra, e as duas
memórias extintas
exceto a única
trepadeira azul fraxicrente –,

ser seu
cometa branco
colhido na muralha.

Uma glote para
conservá-lo,
no Todo.

O rubriperdido de um
fio-
pensar. As ru-
idosas queixas
acima, a queixa
abaixo – de quem
a voz?

Damit – frag nicht,
wo –
wär ich fast –
sag nicht wo, wann, wieder.

Então – não perguntes
onde –
estaria eu quase –
não digas onde, quando, de novo.

GIVE THE WORD

Ins Hirn gehaun – halb? zu drei Vierteln? –,
gibst du, genächtet, die Parolen – diese:

„Tatarenpfeile".
    „Kunstbrei".
       „Atem".

Es kommen alle, keiner fehlt und keine.
(Sipheten und Probyllen sind dabei.)

Es kommt ein Mensch.

Weltapfelgroß die Träne neben dir,
durchrauscht, durchfahren
von Antwort,
    Antwort,
      Antwort.
Durcheist – von wem?

„Passiert", sagst du,
    „passiert",
      „passiert".

Der stille Aussatz löst sich dir vom Gaumen
und fächelt deiner Zunge Licht zu,
      Licht.

GIVE THE WORD

Talhado no cérebro – ao meio? três quartos? –,
dás, anoitecido, as senhas – estas:

"Tartáreas flechas".
     "Artpurê".
         "Ar".

Vêm todos; e nenhum, nenhuma falta.
(Sifetas e probilas estão presentes.)

Vem um homem.

Maçãmundienorme lágrima junto a ti,
transussurrada, transitada
por resposta,
    resposta,
       resposta.
Transgélida – por quem?

"Passai", dizes,
    "passai",
       "passai".

A lepra silenciosa se te solve do palato
e abana à tua língua luz,
      luz.

VOM ANBLICK DER AMSELN, abends
durchs Unvergitterte, das
mich umringt,

versprach ich mir Waffen.

Vom Anblick der Waffen – Hände,
vom Anblick der Hände – die längst
vom flachen, scharfen
Kiesel geschriebene Zeile

– Welle, du
trugst ihn her, schliffst ihn zu,
gabst dich, Un-
verlierbare, drein,
Ufersand, nimmst,
nimmst auf,
Strandhafer, weh
das Deine hinzu –,

die Zeile, die Zeile,
die wir umschlungen durschschwimmen,
zweimal in jedem Jahrtausend,
all den Gesang in den Fingern,
den auch die durch uns lebendige,
herrlich-undeutbare
Flut uns nicht glaubt.

De olhar os melros, à tarde,
pelo desgradeado que
me cerca,

me prometi armas.

De olhar as armas – mãos,
de olhar as mãos – a longa,
pelo afiado e liso
seixo escrita, a linha,

– onda, tu
o trouxeste aqui, o poliste,
te deste, im-
perdível, adentro,
areia da margem, colheste,
acolheste,
aveia-brava, sobre
o que é teu, ademais –,

a linha, a linha,
que abraçados transnadamos,
duas vezes por milênio,
todo o canto nos dedos,
que nem mesmo a que vivificamos,
a magnífica-indecifrável
maré confia em nós.

V

GROSSE, GLÜHENDE WÖLBUNG
mit dem sich
hinaus- und hinweg-
wühlenden Schwarzgestirn-Schwarm:

der verkieselten Stirn eines Widders
brenn ich dies Bild ein, zwischen
die Hörner, darin,
im Gesang der Windungen, das
Mark der geronnenen
Herzmeere schwillt.

Wo-
gegen
rennt er nicht an?

Die Welt ist fort, ich muß dich tragen.

Vasto, aceso abaulado
com o
negrastral enxame
afora e alonge se afrontando:

na silificada fronte de um carneiro
queimo esta imagem, entre
os chifres, lá,
no cântico das curvas, a
medula de coalhados
cordimares cresce.

Contra
o que
não se arremete?

Foi-se o mundo, preciso te levar.

SCHIEFERÄUGIGE, von
der schreitenden Gegenschrift am
Tag nach der Blendung erreicht.

Lesbare Blutklumpen-Botin,
herübergestorben, trotz allem,
von wissenden Stacheldrahtschwingen
über die unverrückbare
Tausendmauer getragen.

Du hier, du: verlebendigt
vom Hauch der im frei-
geschaufelten Lungengeäst
hängengebliebenen
Namen.

Zu
Entziffernde du.

Mit dir,
auf der Stimmbänderbrücke, im
Großen Dazwischen,
nachtüber.

Mit Herztönen beschossen,
von allen Weltkanzeln her.

OLHARDÓSIA, pega
pela contraescrita em progresso
no dia pós-cegueira.

Legível mensageira-coágulo
aquimorta, apesar de tudo,
por sábias asas farpadas
sobre o irremovível
milimuro levada.

Tu, aqui, tu: avivada
pelo hálito dos, no livre-
escavado brônquio
pendurados,
nomes.

Por
decifrar, tu.

Contigo,
na ponte das cordas vocais, no
grande entremeio
transnoturno.

Com corditons metralhada,
desde todos mundipúlpitos.

SCHLICKENDE, dann
krautige Stille der Ufer.

Die eine Schleuse noch. Am
Warzenturm, mit
Brackigem übergossen,
mündest du ein.

Vor dir, in
den rudernden Riesensporangien,
sichelt, als keuchten dort Worte,
ein Glanz.

LODOSA e depois
herbácea paz da margem.

Única eclusa ainda. Na
torre de verrugas,
banhada em salmoura,
desembocas.

Ante ti, nos
macrosporângios remadores,
ceifa, como se ali arfassem palavras,
um brilho.

Du, das mit dem hell-
sehenden Hochschlaf von
der Lippe genommene Haar:
durchs Goldöhr der
zurechtgesungenen Aschen-
nadel gefädelt.

Du, der mit dem Einen
Licht aus dem Hals
gerissene Knoten:
durchstoßen von Nadel und Haar,
unterwegs, unterwegs.

Eure Umschwünge, immerzu, um
die sieben-
fingrige Kußhand hinterm
Glück.

Tu, o cabelo preso
com o altissono clari-
vidente do lábio:
na auriorelha da
cantabile cinz-
agulha enfiado.

Tu, com a única
luz, da garganta
um nó arrancado:
trespassado por cabelo e agulha,
a caminho, a caminho.

Vossas peripécias, sempre, em torno
ao sete-
dedos beija-mão detrás da
sorte.

DER MIT HIMMELN GEHEIZTE
Feuerriß durch die Welt.

Die Wer da?-Rufe
in seinem Innern:

durch dich hier hindurch
auf den Schild
der Ewigen Wanze gespiegelt,
umschnüffelt von Falsch und Vestört,

die unendliche Schleife ziehend, trotzdem,
die schiffbar bleibt für die un-
getreidelte Antwort.

Com céus acalentada,
a foguifenda mundo afora.

Os quem-é? gritados
nas entranhas:

aqui através de ti
sobre o escudo
do percevejo imortal refletidos,
circuncheirados por Falso e Perturbado,

puxando o laço infinito, entretanto,
ainda navegável para a ir-
rebocada resposta.

DUNSTBÄNDER-, SPRUCHBÄNDER-AUFSTAND,
röter als rot,
während der großen
Frostschübe, auf
schlitternden Eisbuckeln, vor
Robbenvölkern.

Der durch dich hindurch-
gehämmerte Strahl,
der hier schreibt,
röter als rot.

Mit seinen Worten
dich aus der Hirnschale schälen, hier,
verscharrter Oktober.

Mit dir das Gold prägen, jetzt,
wenns herausstirbt.

Mit dir den Bändern beistehn.

Mir dir das glasharte Flugblatt vertäuen
am lesenden Blutpoller, den
die Erde durch diesen
Stiefpol hinausstieß.

Revolta com brumeiros e letreiros,
mais rubra que o rubro,
durante os grandes
periglaciais, sobre
geleiras deslizantes, ante
povos de focas.

Através de ti, o trans-
martelado raio
que aqui escreve,
mais rubro que o rubro.

Com suas palavras
descascar-te do crânio, aqui,
Outubro soterrado.

Contigo cunhar o ouro, agora,
quando manifestemorre.

Contigo apoiar as bandeiras.

Contigo amarrar o durivítreo folheto
num sanguicabeço leitor que
a terra através deste
meio-polo expele.

Ruh aus in deinen Wunden
durchblubbert und umpaust.

Das Runde, klein, das Feste:
aus den Blicknischen kommts
gerollt, nahebei,
in keinerlei Tuch.

(Das hat
– Perle, so schwer
wars durch dich –,
das hat sich den Salzstrauch ertaucht,
drüben, im Zweimeer.)

Ohne Licht rollts, ohne
Farbe – du
stich die Elfenbeinnadel hindurch
– wer weiß nicht,
daß der getigerte Stein, der dich ansprang,
an ihr zerklang? –,
und so – wohin fiel die Erde? –
laß es sich drehen zeitauf,
mit zehn Nagelmonden im Schlepptau,
in Schlangennähe, bei Gelbflut,
quasistellar.

Repousa em tuas chagas
transborbulhado entre pausas.

O redondo, pequeno, o firme:
dos nichos oculares vem
enrolado, próximo,
em lenço nenhum.

(Foi isso
– pérola, tão pesada
assim por ti –,
foi isso que mergulhou no pé-de-sal,
além, no duplimar.)

E gira sem luz, sem
cor – tu,
pica através da agulha de marfim
– quem não sabe
que a pedra tigrada que te atacou
dissonou-se? –,
e então – onde caiu a terra? –
deixa-o rodar sobretempo,
com dez lúnulas no reboque,
serpepróximas, na amarelamaré,
quasestelar.

VI

EINMAL,
da hörte ich ihn,
da wusch er die Welt,
ungesehen, nachtlang,
wirklich.

Eins und Unendlich,
vernichtet,
ichten.

Licht war. Rettung.

UMA VEZ,
eu o ouvi,
lavava o mundo,
noturno, invisível,
real.

Uno e Infindável,
pereceu,
euou.

Luz deu-se. Salvação.

SOBRE O AUTOR

Paul Celan, pseudônimo de Paul Antschel, nasceu em 23 de novembro de 1920 em Tchernivtsi (então pertencente ao Reino da Romênia), antiga capital da província da Bucovina, uma região caracterizada pela diversidade cultural e linguística que até 1918 fizera parte do Império Austro-Húngaro.

Sua família pertencia a uma comunidade judaica que prosperara durante os 150 anos de domínio austríaco na região. Celan cresceu falando alemão em casa e romeno na escola. Também entendia iídiche e mais tarde se tornaria fluente em francês, russo e ucraniano, entre outros idiomas. Mas foi o alemão a língua que escolheu para escrever sua obra poética.

Em 1939, com o início da guerra, Celan abandona os estudos de medicina iniciados em Tours, na França, e se matricula em filologia românica na Universidade de Tchernivtsi. Em 1940, como resultado do pacto entre Hitler e Stálin, Tchernivtsi é ocupada por tropas soviéticas, e no ano seguinte, com o colapso do pacto, pelas forças alemãs e romenas. Seus pais são deportados para um campo de concentração alemão onde morrem tragicamente em 1942: o pai, de tifo, a mãe alvejada quando já não tinha condições de trabalhar. O próprio Celan passa por uma série de campos de trabalho ao longo de 18 meses, até a libertação da Romênia pelo Exército Vermelho, em 1944.

Após a guerra, Celan emigra para Bucareste, onde trabalha como tradutor e leitor numa editora e começa a publicar seus poemas e traduções. Em 1947, após breve estada em Viena, onde trava amizade com a poeta Ingeborg Bachmann, se estabelece em Paris, onde completa os estudos em filologia e literatura e se torna professor-leitor de alemão na École Normale Supérieure, cargo que manterá até o fim da vida. Em 1948 publica seu primeiro livro de poemas, *Der Sand aus den Urnen* (*A areia das urnas*), que, por problemas de edição, ele manda recolher logo em seguida. Em 1952, casa-se com a artista gráfica Gisèle Lestrange, com quem terá um filho, Eric, nascido em 1955, mesmo ano em que se torna cidadão francês. Recebe o Prêmio de Literatura da cidade de Bremen em 1958 e o prêmio Georg Büchner em 1960. Além da atividade literária, continua realizando numerosas traduções do francês, russo, italiano, romeno, português e hebraico, de autores como Arthur Rimbaud, Paul Valéry, Henri Michaux, Óssip Mandelstam, Aleksandr Blok, William Shakespeare, Emily Dickinson, Emil Cioran, Fernando Pessoa, entre muitos outros.

Em 20 de abril de 1970, Paul Celan comete suicídio atirando-se no rio Sena, em Paris.

Em vida, Celan publicou sete volumes de poesia: *Der Sand aus den Urnen* (*A areia das urnas*, 1948), *Mohn und Gedächtnis* (*Papoula e memória*, 1952), *Von Schwelle zu Schwelle* (*De soleira em soleira*, 1955), *Sprachgitter* (*Gradelíngua*, 1959), *Die Niemandsrose* (*A rosa de ninguém*, 1963), *Atemwende* (*Ar-reverso*, 1967) e *Fadensonnen* (*Fiossóis*, 1968). O autor deixou ainda três livros que foram publicados postumamente: *Lichtzwang* (*Lucipressão*, 1970), *Schneepart* (*Parte da neve*, 1971) e *Zeitgehöft* (*Fazenda do tempo*, 1976).

SOBRE O TRADUTOR

Guilherme Gontijo Flores nasceu em Brasília, DF, em 1984. É poeta, tradutor e professor de latim na Universidade Federal do Paraná. Publicou os livros de poesia *brasa enganosa* (Patuá, 2013), *Tróiades* (Patuá, 2015, site <www.troiades.com.br>), *l'azur Blasé* (Kotter/Ateliê, 2016), *ADUMBRA* (Contravento, 2016), *Naharia* (Kotter, 2017), *carvão :: capim* (Editora 34, 2018), *avessa: áporo-antígona* (Cultura e Barbárie/quaseditora, 2020) e *Todos os nomes que talvez tivéssemos* (Kotter/Patuá, 2020), além do romance *História de Joia* (Todavia, 2019).

Como tradutor, publicou, entre outros: *A anatomia da melancolia*, de Robert Burton (4 vols., Editora UFPR, 2011-2013, vencedor dos prêmios APCA e Jabuti de tradução), *Elegias de Sexto Propércio* (Autêntica, 2014, vencedor do Prêmio Paulo Rónai de tradução, da Fundação Biblioteca Nacional), *Fragmentos completos de Safo* (Editora 34, 2017, vencedor do Prêmio APCA de tradução), *Epigramas de Calímaco* (Autêntica, 2019) e *Pantagruel e Gargântua*, primeiro dos três volumes das *Obras completas de Rabelais* (Editora 34, 2021).

Foi um dos organizadores, com Raimundo Carvalho, Márcio Meirelles Gouvêa Júnior e João Angelo Oliva Neto, da antologia *Por que calar nossos amores? Poesia homerótica latina* (Autêntica, 2017). É coeditor do blog e revista *escamandro: poesia tradução crítica* (<www.escamandro.wordpress.com>). Nos últimos anos vem trabalhando com tradução e performance de poesia antiga e participa do grupo Pecora Loca.